EMILE ACOLLAS

LA RÉPUBLIQUE

ET LA

CONTRE-RÉVOLUTION

(Lettre au Journal de Genève.)

Droit et Liberté.

Prix : 1 fr. 50 c.

GENÈVE
F. RICHARD, ÉDITEUR
56, Rue du Rhône, 56.

BRUXELLES
A. LACROIX, VERBOECKHOVEN ET Cᵉ
42, Boulevard de Waterloo, 42.

1871

LA RÉPUBLIQUE ET LA CONTRE-RÉVOLUTION

EMILE ACOLLAS

LA
RÉPUBLIQUE

ET LA
CONTRE-RÉVOLUTION

(Lettre au Journal de Genève.)

Droit et Liberté.

Prix : 1 fr. 50 c.

GENÈVE
F. RICHARD, ÉDITEUR
56, Rue du Rhône, 56.

BRUXELLES
A. LACROIX, VERBOECKHOVEN ET Ce
42, Boulevard de Waterloo, 42.

1871

SOMMAIRE

LA RÉPUBLIQUE

ET LA

CONTRE-RÉVOLUTION *

----·>■<·----

MONSIEUR LE RÉDACTEUR,

Si je suis intervenu dans le débat soulevé par M. le professeur Dameth, c'est d'abord que ce débat se rapporte à la question capitale du temps présent et à celle qui pour nous, Français, fait le fond de toutes nos pensées ; c'est qu'en outre il m'a paru que M. le professeur Dameth n'avait mis le doigt ni sur la plaie ni sur le remède.

Qu'est-ce qui perd la France, pourquoi la nation qui a produit le mouvement du Dix-huitième siècle, qui a donné au monde Diderot, D'Alembert, Rousseau, Voltaire, Montesquieu, Turgot, Condorcet, qui a fait la Ré-

----

* Deux articles parus dans le *Journal de Genève* sous la signature du professeur H. Dameth ont accusé en termes violents « l'esprit révolutionnaire » de perdre la France.

Cet écrit est une réplique, et, d'après les prévisions de l'auteur, il devait être publié par le *Journal de Genève ;* mais, cette feuille en ayant décliné l'insertion, c'est la *Suisse radicale* qui lui a généreusement ouvert un asile.

Je maintiens ma réplique à peu près sans changement ; je l'augmente seulement d'un Appendice.

volution française, pourquoi cette nation va-t-elle de mal en pis depuis trois quarts de siècle ? Que faudrait-il pour qu'elle se relevât ; à quelles conditions, le monde pourrait-il être préservé de cette catastrophe formidable, la disparition de la France? Ce sont ces thèses que j'essaierai d'aborder à mon tour, et dans les colonnes même de votre journal, si vous m'en octroyez libéralement la permission.

Je constate d'abord que je m'entends avec mon honorable collègue sur deux points fondamentaux : M. Dameth, ne conteste pas en principe la légitimité des Révolutions, il les accepte, « comme des mesures extrêmes, nécessaires quelque jour dans la vie des peuples ; » il accepte en particulier la Révolution de 89 ; de plus, nous sommes d'accord, lui et moi, sur l'idéal de la science politique et de la civilisation ; nous disons ensemble que les sociétés marchent vers l'élimination de toutes les tutelles, vers le dégagement le plus complet possible de l'autonomie de la personne humaine.

Voilà certes des prémisses considérables, des prémisses grosses de conséquences en tous genres, et tellement compréhensives que deux hommes qui les professent également doivent, ce semble, être bien près de s'entendre sur tout le reste. Cependant, entre mon collègue et moi, il y a, dans la circonstance, deux ou trois chefs de désaccord. Voyons donc de quel côté se trouve l'erreur, de quel côté la fausse logique et la fausse appréciation des faits.

Je commence par prévenir que je n'emploie pas le mot Révolution dans le même sens *large* que M. le professeur Dameth. M. Dameth lui fait signifier à la fois la *Révolution en avant,* et, comme il dit, la *Révolution à rebours ;* moi, j'appelle Révolution seulement la *Révolu-*

tion en avant, et si, pour être plus précis, il faut faire une définition en forme, je dirai que la Révolution est tout mouvement général dans un peuple, ayant le progrès pour objectif et opposant au besoin la force à la force. Par antithèse, je nomme contre-révolution tout mouvement qui agit en sens inverse de la Révolution.

La Révolution peut être pacifique, c'est ce qu'indique la raison abstraite et ce dont pourraient témoigner de nombreux exemples ; la contre-révolution est toujours nécessairement violente, car, ayant pour but de perpétuer le règne de la force, elle n'a, pour atteindre ce but, que l'alternative d'invoquer soit la force existante soit une force nouvelle.

En outre, même lorsqu'elle recourt à la force, si elle ne le fait que dans la mesure indispensable, la Révolution est toujours strictement légitime ; ce qui ne veut pas dire cependant qu'elle est toujours opportune, car jamais les hommes ne mettent impunément de côté l'esprit de conduite, et c'est ainsi que la Révolution a raison de ne recourir à la force qu'à la triple condition :

Que la lésion apportée au droit, soit grave ;

Que cette lésion ne puisse être réparée par une autre voie que la force ;

Que les circonstances favorisent l'emploi de la force.

Dans ces termes, je déclare à mon tour que la Révolution est un remède extrême, une médication héroïque, mais un remède et une médication quelque jour salutaires.

Je puis maintenant aborder la discussion et quelques critiques que m'adresse mon collègue, du moins, j'en suis sûr, ne m'adressera-t-il pas celle de n'avoir point cherché à rendre le débat aussi complet et aussi explicite que possible.

Je démontrerai :

En premier lieu, que la légitimité reconnue à la Révolution de 89 et à son expression, la Constitution de 91, doit être *à fortiori* étendue à la Révolution de 92 et à son expression, la Constitution de 93 ;

En second lieu, que, dès le lendemain de 89, la provocation est venue de la contre-révolution et que c'est la contre-révolution qui perd la France depuis trois quarts de siècle.

Je m'expliquerai enfin sur le suffrage universel considéré comme base de la démocratie moderne ; j'en dirai les conditions rationnelles d'existence et j'essaierai d'en déterminer la fonction.

I

Que la légitimité reconnue à la Révolution de 89 et à son expression, la Constitution de 91, doit être à fortiori *étendue à la Révolution de 92 et à son expression la Constitution de 93.*

Le titre du siècle qui a fait la Révolution française est d'avoir trouvé une nouvelle conception du Droit et cette conception est celle-ci :

Les peuples s'appartiennent ;

Les individus s'appartiennent.

Je sais sans doute, que la seconde de ces deux formules, la première logiquement, je sais, dis-je, qu'au Dix-huitième siècle, cette idée fondamentale : l'homme s'appartient, n'était point encore arrivée à l'évidence en quelque sorte mathématique qu'elle a acquise de nos jours ; Jean-Jacques, le grand Jean-Jacques, qui fut si profondément pénétré de l'une et de l'autre, n'a pas su comment les allier l'une à l'autre, et lui, l'immortel théoricien du droit des peuples sur eux-mêmes, lui, qui, a porté à l'usurpation des Rois le coup irréparable, lorsqu'il s'est agi du droit de l'homme sur lui-même, il s'est laissé prendre à la fausse lumière qui lui venait de Rome et de Genève, lui, le puissant destructeur de tant de dogmes, il en a instauré un dans la science politique, non le moins funeste, celui de la souveraineté nationale ; or, en immolant ainsi le droit de chacun au droit de tous, Jean-Jacques n'a pas vu qu'à la tyrannie à une seule tête, il ne faisait que substituer la tyrannie à plusieurs milliers ou millions de têtes.

Mais, à côté de Jean-Jacques, je vois se lever Turgot et Condorcet, je vois poindre cette idée de l'autonomie intégrale sous une règle de fraternité, dont ce n'est pas trop de dire qu'elle est appelée à refaire un monde.

Donc, finalement, par l'incomparable évolution qui le remplit, le Dix-huitième siècle a consacré ce double résultat :

Les peuples s'appartiennent ;

Les individus s'appartiennent.

Par là, nous sommes désormais en possession d'un critérium, par là nous avons désormais une mesure pour apprécier laquelle, de la Révolution de 89 ou de celle de 92, laquelle, de la constitution de 91 ou de celle de 93 correspond à l'idée juridique du siècle, j'entends l'idée d'autonomie de la personne humaine.

Je n'ai point lieu d'entreprendre cet examen dans tous ses détails ; il suffira à mon but que j'en marque les traits les plus généraux.

Qu'est-ce d'abord que la Constitution de 91 ? Plusieurs publicistes l'ont dit fort exactement, si l'on écarte les constitutions républicaines de 93, de 95, de 1848, la constitution de 91 est la plus démocratique, la plus avancée qu'ait eue la France, mais ce n'est là qu'un éloge relatif, et il y a bien des degrés dans le relatif; il s'agit de savoir comment, en définitive, cette constitution satisfait aux conquêtes scientifiques du Dix-huitième siècle, à la double idée *que les peuples s'appartiennent, que les individus s'appartiennent.*

Dans l'organisation de la délégation exécutive, la constitution de 91 consacre la monarchie ; qui dit monarchie, dit, au point de vue de l'autonomie de la personne humaine, non-Droit, et dit également non-sens. Quoi, je m'appartiens ; j'ai le droit de chercher à être, autant que ma nature le comporte, une activité maîtresse d'elle-même ; j'ai ce droit comme homme, je l'ai par conséquent comme citoyen ; ce qu'on nomme le pouvoir n'est autre chose que le droit immanent en moi, et, par la volonté des autres, même par ma propre volonté, il se pourrait que ce droit cessât d'exister pour moi, il se pourrait que le siége du Droit cessât d'être où il est, qu'il passât du mandant au mandataire, que le mandataire absorbât le mandant ! Quelle absurdité !

Or, cette absurdité, c'est la monarchie.

Je sais bien que les bâtards de Montesquieu, (je parle des monarchistes de 89, non de ceux de notre temps, ceux-là ne sont que des avortons), je sais bien que les Constituants de 89 ont imaginé une monarchie qui en fût une aussi peu que possible, la monarchie à bascule, la monarchie pondérée, la monarchie à équilibre stable; mais, en droit, cette monarchie-là participe à la nature de toutes les autres, et, en fait, la bascule, la pondération, l'équilibre stable n'ont empêché nulle part que la machine ne penchât soit d'un côté soit d'un autre (heureusement au surplus, car, si elle ne penchait, le monde s'arrêterait); et alors, tantôt la monarchie est devenue un luxe inutile, tantôt la liberté est devenue un leurre, et, quand l'une ou l'autre a été lasse de céder, elle n'a eu que la ressource de mettre la machine en pièces! Oh! la merveilleuse invention!

Quant à la Constitution de 91 en particulier, assurément je n'apprendrai rien aux politiques, si j'affirme que, malgré les efforts des Lally-Tollendal, des Mounier, des Malouet, la monarchie n'y était pas née viable, et qu'elle semblait n'y avoir été conservée que tout juste exprès pour en être retranchée.

Que si, dans la Constitution de 91, nous considérons un autre point, y trouverons-nous une traduction plus exacte de l'idée juridique du Dix-huitième siècle, y trouverons-nous plus de raison au fond?

D'après la constitution de 91, il y avait deux classes de citoyens; les *actifs,* seuls investis du droit de vote; les *passifs,* subissant la décision des autres.

Pour être actif, il fallait qu'outre la condition d'avoir 21 ans, on remplît les deux suivantes:

Etre domicilié dans le canton, au moins depuis une année;

Etre en état de payer une contribution directe de la valeur de trois journées de travail.

Ce n'était pas tout; l'élection était à deux degrés et on ne pouvait prétendre au mandat d'électeur du second degré qu'à la condition de payer une contribution égale à la valeur de 10 journées de travail.

Enfin, n'était éligible que celui qui payait une contri-tribution d'un marc d'argent ou de 54 livres.

Le voilà donc le résultat de cette Révolution faite au nom des Droits de l'homme! Le citoyen, cela est vrai, ce n'est plus l'homme d'Eglise, ce n'est plus le noble, mais c'est celui qui possède ; le monarque, ce n'est plus, j'en conviens, le Roi, mais la bourgeoisie a laissé le trône debout et elle s'y est assise à la place du Roi !

Que l'on s'étonne maintenant de tant de terribles censures, de tant de brûlants anathèmes : « Quand le pauvre est appelé à la défense des frontières, lui demande-t-on ce qu'il paie d'impôt, le déclare-t-on *passif*, lorsqu'il s'agit de mourir » (Loustalot) ; « Oh ! prêtres stupides, prêtres fourbes qui avez voté cette loi, ne voyez-vous pas que Jésus-Christ aurait été inéligible et que vous reléguez votre Dieu parmi la canaille ! » (Camille Desmoulins.)

Sur les mêmes points, plaçons en regard la constitution de 93.

Précédée d'un plan présenté à la Convention par Condorcet lui-même, la Constitution de 93 ne biaise pas, comme celle de 91, avec l'idée que les peuples s'appartiennent ; elle est franchement républicaine.

De plus, cette constitution ne distingue pas les citoyens en actifs et en passifs ; elle reconnaît le droit de suffrage à tout Français âgé de 21 ans accomplis et domicilié depuis six mois dans le canton, sans aucune condition de cens, et elle déclare éligible tout électeur.

Enfin, chose considérable, chose capitale, elle réduit le rôle des membres du corps législatif à ses vraies dimensions ; elle veut que les représentants du peuple ne soient que les *commis* du peuple, et c'est au peuple, à la masse des citoyens, qu'elle réserve le vote final de la loi.

Je le demande maintenant à mon très honoré collègue, est-ce que ses sympathies et ses éloges ne font pas fausse route, lorsqu'exaltant la constitution de 91, il dédaigne celle de 93 ? Est-ce que sa judiciaire n'est pas en défaut, lorsqu'il reconnaît la légitimité de la Révolution de 89 et qu'il dévoue la Révolution de 92 à tous les dieux infernaux..... de la contre-révolution ! Quelle est donc de ces constitutions, de ces Révolutions, celle qui est le plus conforme à la doctrine du XVIII⁰ siècle, celle qui fonde le mieux l'autonomie de la personne humaine.

J'ai, pour ma part, je le confesse, un très grave reproche à adresser à la constitution de 93 et à toute la législation issue de la Révolution de 92 ; l'une et l'autre sont beaucoup trop dominées par le funeste génie de Rome, par la lourde erreur du droit social propre ; l'une et l'autre, bien loin d'aller au-delà de la pensée complète du XVIII⁰ siècle, restent beaucoup trop en deçà ; l'une et l'autre sont trop monarchiques, pas assez radicales, pas assez novatrices, pas assez révolutionnaires.

Je m'explique en deux paroles :

La constitution de 93 proclame que la République est *une* et *indivisible* ; or, l'idée de l'autonomie de l'individu, ce n'est pas l'unité et l'indivisibilité de la République, c'est la fédération de la République ; c'est la vie locale conservant, augmentant son activité, et se conciliant, s'harmoniant avec la vie générale ; et, si cette activité ne peut être ainsi conservée, augmentée, si cette conciliation ne peut avoir lieu, si cette harmonie ne peut naître, si l'ordre ne peut se faire, c'est même le droit pour la fraction de se séparer du tout.

La constitution de 93 laisse, en outre, subsister le lien qui depuis des siècles rattache l'Eglise à l'Etat, et la Révolution de 92 a même commis l'aberration d'élaborer une *Constitution civile* pour le clergé. Ce n'est que plus tard, en 95 (5 fructidor, an III) que l'on en vint au vrai principe et que la séparation de l'Eglise et de l'Etat fut prononcée.

Certes, ce sont là de graves déviations, et la dernière surtout n'a pas peu contribué à perdre la Révolution française. Que les hommes le sachent donc et qu'ils s'en pénètrent, il est dangereux de violer ses principes, il est dangereux de semer des causes qui tôt ou tard entreront en lutte avec l'idée dont nous sommes les champions !

Or, je ne saurais trop le répéter, le XVIIIe siècle et son metteur en œuvre, la Révolution française, ont voulu affranchir l'homme, constituer l'autonomie de la personne humaine ; cet affranchissement, cette autonomie, par quoi doivent-ils commencer, sinon par la conscience ? Est-ce que qui a la conscience dans l'homme n'a pas tout le reste ? Est-ce que, si la conscience est serve, l'homme tout entier ne sera pas serf ? « Il faut d'abord déchristianiser la France, » disait profondément Mirabeau : mot pas assez compris, mot trop oublié ! La croyance, en effet, c'est le vieux levain de toutes les tyrannies, c'est le vieux contre-poids de toutes les servitudes ; l'homme comble par la croyance le déficit de sa science, et il courbe la tête, parce qu'il a d'abord courbé sa raison ; or, l'autonomie de la personne humaine, c'est la raison s'affirmant, c'est l'homme se redressant ; donc, c'est le refoulement de la croyance, c'est le monde de plus en plus en plus ménagé à la science.

Et que sera-ce, si non-seulement l'on ne se déchristianise pas, mais si l'Etat lui-même se mêle d'organiser la religion ? Alors, en vain le mécanisme politique favorisera-t-il l'essor de la liberté ; en vain, le gouvernement sera-t-il républicain de nom et de forme ; en vain aurez-vous une série d'autonomies échelonnées à tous les degrés de la pyramide sociale, c'est la première de toutes qui vous manquera, et, dans votre agencement politique, où vous chercherez des hommes, vous ne trouverez que des automates.

Donc, bien loin de dépasser le but, l'idée du XVIII° siècle, la constitution de 93 ne l'avait pas même atteint.

Mais, j'ai bien entendu ! Si mon collègue repousse la constitution de 93, c'est parce que la France l'a repoussée, et, s'il condamne la Révolution de 92, c'est à cause de ses excès.

Nous verrons plus loin la condamnation ; voyons ici l'objection.

J'accorde, pour un instant, que la France ait effectivement repoussé la constitution de 93 ; que devrait-il en résulter pour le penseur, pour le partisan décidé de l'autonomie humaine ? Tout simplement, que la France aurait eu tort d'agir ainsi ; mais qu'est-ce que cela pourrait faire au jugement à porter sur la valeur rationnelle, sur la valeur même pratique de la constitution de 93 ? Les peuples, hélas ! comme les individus se trompent.

Mais je ne maintiens pas ma concession, je la retire absolument. Sait-on ce que M. le professeur Dameth appelle ici la France :

Pour la constitution de 93, c'est Barras, Tallien et leurs acolytes ;

Pour la constitution de 95 (5 fructidor, an III), constitution qui vécut cinq ans, c'est le héros de Brumaire et ses prétoriens ;

Pour la constitution de 1848, c'est le spadassin de Décembre et sa bande.

En vérité, mon collègue abuse de la métaphore, et, si coupable que soit la France de s'être livrée en proie à de tels misérables, si coupable qu'elle soit d'avoir laissé s'accomplir le 9 Thermidor, le 18 Brumaire et le 2 Décembre, non, la France prise en masse, ne mérite pas l'injure d'être identifiée à ceux qui l'ont assassinée et perdue.

En résumé, j'ai établi :

Que la constitution qui a approché le plus près des idées acquises en 89, ce n'est pas la constitution de 91, c'est la constitution de 93;

Qu'en outre cette dernière constitution était loin d'excéder, en 89, la mesure des revendications nécessaires;

Enfin, que quiconque reconnaît théoriquement la légitimité de la révolution de 89 est forcé de reconnaître, sous peine de tomber dans une insoluble contradiction, la légitimité de la révolution de 92.

Il est temps d'aborder la question des excès, il est temps de voir qui doit en porter la responsabilité au tribunal de la conscience humaine.

II

Que, dès le lendemain de 89, la provocation est venue de la contre-révolution, et que c'est la contre-révolution qui perd la France depuis trois quarts de siècle.

Nous avons fait un pas énorme; nous savons qu'abstraitement la Révolution de 92 était la suite forcée, et d'ailleurs excellente, de la Révolution de 89; nous savons aussi par là même que tout ce qui a mis obstacle à l'idée de 92 est contre-révolution, et, à ce titre, résistance au Droit.

Mais, dit M. Dameth, accusez de cette contre-révolution les agissements de l'esprit révolutionnaire, ou bien prouvez qu'il n'y a aucune corrélation entre ces agissements et la contre-révolution; prouvez en particulier qu'il n'y en a aucune entre les excès de 93 et l'attentat du 18 Brumaire.

Je ne ferai pas la preuve que m'a demandée mon collègue, j'en ferai une autre et plus ample; j'entends prouver que, depuis 1789, l'esprit de contre-révolution n'a cessé de battre en brèche non-seulement toutes les constitutions, toutes les réformes procédant de l'idée du XVIIIᵉ siècle, mais encore, qui le croirait? toutes les constitutions qu'il a lui-même directement inspirées, et qu'il n'a jamais trouvées assez rétrogrades à son gré, j'entends prouver que c'est par le crime de la contre-révolution que la Terreur de 93 a été produite; j'entends montrer que si, depuis trois quarts de siècle, la Révolution use de la force, c'est qu'elle n'a que l'alternative d'opposer la force à la force ou de succomber.

Mais, au moment d'entreprendre cette démonstration, je me demande si, en réalité, il y a lieu de la faire, si, en réalité, pour tout esprit éclairé et ami du vrai, elle n'est point toute faite.

De quoi s'agit-il, en effet? D'un point équivoque, ténébreux? Non, de la constatation d'un fait qui se retrouve à chaque page et à chaque ligne de l'histoire politique de la France depuis 1789, fait irrécusable, fait patent, s'il en fût jamais, à savoir que l'Ancien régime n'a pas voulu se résigner à mourir à l'heure nécessaire, et qu'une fois arrivée la bourgeoisie en a retenu tout ce qu'elle a pu.

D'abord, il faut le reconnaître, il y eut un moment unique, sublime, moment trop court, où la France parut battre d'un même cœur et n'avoir qu'une même pensée; ce moment, c'est la nuit du 4 août, c'est celui où la féodalité terrienne fut détruite.

Mais, à peine ce sacrifice pour quelques-uns, sacrifice

apparent, ce retour à la justice pour tous est-il accompli, que la contre-révolution entre en campagne.

Faut-il rappeler ces honteux écrivains mercenaires s'écriant, à propos du 4 août, qu'*on venait d'immoler le patrimoine légitime de plusieurs milliers de familles !* Faut-il rappeler Louis XVI protestant contre les décrets du 4 août, et, refusant de sanctionner l'abolition d'une iniquité séculaire, inexpiable.

Et nous ne sommes qu'au début, et, dès septembre 89, les royalistes parlent ouvertement de rétablir l'Ancien régime, de revenir aux trois Ordres, de noyer la Révolution dans le sang, de tirer l'épée contre la *canaille !*

Oh ! la contre-révolution n'a pas varié ses procédés et son langage ; depuis qu'elle existe, elle est toujours la même ; elle insulte ou elle tue, et, pour la reconnaître à ces traits, regardez à côté de vous.

Mais, reprenons.

Donc, en septembre 89, il n'était rien moins question que d'égorger la Révolution à son berceau ; et cependant quelle confiance de la part des masses populaires, quel aveuglement ! elles meurent de faim et elles s'imaginent que le Roi ne le sait pas : « Ah ! s'il le savait. Il est bon lui, mais ceux de la cour le trompent. Ah ! s'il voyait nos misères... »

Je passe près d'une année ; je passe toutes les calomnies propagées, toutes les trames de guerre civile déjà ourdies par la contre-révolution ; nous sommes en juillet 90, nous sommes au lendemain de la fête de la Fédération, de cet élan magnifique et magnanime qui semble une seconde fois avoir confondu la nation dans une seule âme ; or, sous cette apparence, que se cache-t-il ? Tandis que Louis XVI vient de jurer solennellement de maintenir l'Ordre nouveau, le Droit qui commence, la contre-révolution appelle à son secours la Prusse et l'Autriche, elle les sollicite de venir écraser la Révolution sur le sol de la patrie, et Louis XVI est avec la contre-révolution, et Louis XVI médite la fuite à Varennes, et Louis XVI médite de livrer la France en proie à la guerre étrangère et à la guerre civile !

Elevez donc maintenant la voix contre les crimes de 92 et de 93, imprudents, impudents ! S'il y eut des crimes commis à ces dates héroïques, qui les causa, si ce n'est vous, ô éternels provocateurs ! Sur qui retombe le sang répandu pour la cause du Droit depuis que l'Humanité existe ? Vous voudriez faire croire que c'est sur la tête des opprimés ; vieux enfants ! Mais êtes-vous à ce point perdus d'esprit que vous croyiez à ce que vous dites et que vous vous persuadiez que c'est la foule des déshérités qui est le bourreau, et que vous, les heureux de ce monde, vous êtes les victimes !

Ah ! quand dans un jour de représailles elle se lèverait tout entière, l'épouvantable phalange, quand elle se lèverait tout entière et vous broierait, ne vous plaignez pas, vous l'auriez bien mérité !

Arrivons à Bonaparte ; celui-là, il a fait Brumaire ; Brumaire est un acte de contre-révolution, j'imagine, mais c'était un si *admirable organisateur* que Bonaparte !

Qui donc répète cela ? Est-ce une intelligence vulgaire, un homme perdu dans la foule ? Non, c'est un esprit éclairé, académique ! Voyons donc ce qu'a organisé Bonaparte.

Quatorze années durant, cet homme a ramené la force antique ; quatorze années durant, il a foulé aux pieds toutes les notions de droit, toutes les notions de justice, de solidarité entre les peuples ! Et durant ces mêmes

quatorze années, ce même homme a étouffé dans une nation, sous un joug de fer, toute la dignité des caractères,
toute la virilité des cœurs, toute la vertu des âmes !

C'est lui, l'insensé perturbateur du monde, c'est lui, le
génie incarné de la contre-révolution, c'est lui, le grand
désorganisateur de la conscience humaine, c'est lui qui
a tué notre France. Ah! qu'il soit maudit jusqu'à la con-
sommation des siècles !

Or, la réaction de Bonaparte, cette réaction a pourtant
deux degrés, le Consulat et l'Empire. Et qui donc a fait
l'Empire après avoir fait le Consulat? La logique des
choses, direz-vous ; je le dis avec vous, mais ces choses, quelles sont-elles, sinon la contre-révolution implac-
able et continuant de creuser l'abîme.

Enfin, nous respirons; l'Homme est à terre, l'ancienne
monarchie reparaît, elle *octroie* la Charte! Mais, dès les
premiers jours, qui la sape, cette Charte? Est-ce la Révolution ou la contre-révolution? Qui commet cet attentat contre la conscience, la loi sur l'observation du di-
manche et de la Fête-Dieu? Qui commet cet attentat
contre la pensée, la loi sur la censure de la presse? Est-
ce la Révolution ou la contre-révolution? Qui opprime,
offense, provoque, humilie toute la masse de la nation?

Ne l'était-elle donc pas assez humiliée cette nation,
cette grande France du XVIIIe siècle, tombée d'abord
aux pieds d'un bandit corse, puis à ceux des menins de
l'Ancien régime, et retombant sous le bandit corse.

Dirai-je ce qui suivit les Cent-jours, les assassinats, les
massacres, les cours prévôtales, la Terreur blanche, la
Chambre introuvable ?..... Je demande grâce; je veux
aller plus loin, j'en ai assez de tous ces abaissements
subis, de toutes ces infamies acceptées, de toutes ces
hontes bues. Quel cauchemar !

Et, dans tout cela, où est donc le fait violent de Révolution ? Il n'est que trop absent, mon collègue, car cette absence, qu'atteste-t-elle ? Le déclin de la conscience et des forces vives de la France !

Et, en 1830, lorsque cette fois la bourgeoisie, M. Thiers en tête, eût poussé le peuple à la Révolution par la force, après qu'elle eût confisqué à son profit ce dévouement, ce sang versé, après qu'elle eût fait, selon son style, l'*établissement de juillet*, qu'a-t-on vu pendant dix-huit ans ? Hélas, le spectacle le plus capable de faire douter que la France conservât un rôle dans l'œuvre du progrès du monde !

Le *pouvoir*, ce que dans notre langue de Bas-Empire on nomme de ce nom, le pouvoir donc passe de Laffitte à Périer, de Périer à Soult, de Soult à Molé, de Molé à Thiers, de Thiers à Guizot, et tous ces hommes n'ont qu'une pensée, mater la Révolution, et, pendant ce temps-là, la bourgeoisie n'a qu'un mot d'ordre, gagner de l'argent, et, quand les masses populaires opprimées, affamées, demandent la liberté et du pain, on leur répond par la mitraille !

Voilà les gestes de la contre-révolution *sous l'établissement de juillet !*

L'explosion arrive, aidée par l'indifférence et par le mépris ; les monarchistes de la veille acclament la République le lendemain ; ils crient plus fort que nous, républicains ; et quoi de plus indulgent que cette République ? Qui a-t-elle menacé ? Contre qui a-t-elle sévi ? Et qui donc cependant fera le 17 mars ? Qui plus tard fera les journées de juin ?

J'y étais, à cette première horrible guerre civile ; j'ai vu la contre-révolution en couver chaque jour le projet homicide, j'ai vu la contre-révolution la préparer jour par jour ; et, les choses venues à point, j'ai entendu la contre-révolution, je l'ai entendue furieuse déclarer qu'on *n'en finirait* que par les armes.

Et ensuite qui a fait Bonaparte président ? Qui a fait l'expédition de Rome ? Qui a fait niaisement la loi mutilant le suffrage universel ? Qui a fait ce règne immonde, ce règne qui a commencé par une infâme trahison et par un acte de faussaire, ce règne de proscriptions, de sang, de boue, ce règne qui a achevé la ruine de la conscience ?

Est-ce, encore une fois, la Révolution ou la contre-révolution ?

Elle n'est venue que trop tard, la Révolution, balayer toutes ces pestilences !

Et qui, pour sauver la dynastie, pour se sauver elle-même, qui, pour conjurer le retour à la raison, au Droit, qui, pour conjurer la régénération possible, qui, pour conjurer la République, qui a déclaré la guerre à la Prusse ?

Est-ce la Révolution ou la contre-révolution ?

Et si, à l'heure présente, la guerre civile est dans nos murs, qui l'a provoquée, qui l'a voulue, cette guerre atroce ? Quelles revendications plus légitimes jamais, plus nécessaires jamais que celles de Paris réclamant le droit de n'avoir d'autre milice dans ses murs que la garde citoyenne, le droit d'élire tous ses fonctionnaires, le droit de s'administrer lui-même ? Quelles revendications furent jamais plus conformes à la doctrine de l'autonomie ?

Or, c'est ce moment, mon collègue, c'est ce moment que vous avez choisi pour accuser l'esprit de Révolution de perdre la France ; c'est cette occasion qui vous a paru propice pour lancer l'anathème contre Paris, contre ce Paris, qui, seul à peu près dans la guerre de la Prusse, a fait héroïquement son devoir ! Ceux que vous nommez des *voleurs*, des *assassins*, mais qu'est-ce donc? Ce sont ceux dont les frères, dont les parents, dont les amis, guidés, j'en conviens, par l'incapacité et par la sottise, sont allés cinq mois, sans se plaindre, mourir aux remparts ; ce sont ceux qui eux-mêmes y ont exposé mille fois leur vie ; ce sont ceux qui, avec leurs femmes et avec leurs enfants, ont enduré cinq mois quelles misères ! pour préserver du démembrement une patrie marâtre envers eux, pour la préserver de la chûte ! Vous avez dit qu'ils étaient lâches, mais en vérité, vous vous étiez trop pressé et les faits vous ont répondu ! Vous avez parlé de guet-à-pens, mais à qui donc ferez-vous croire qu'un guet-à-pens puisse réunir des légions sous les armes ; à qui persuaderez-vous qu'un guet-à-pens puisse, pendant un mois[1], tenir en échec toute la population d'une grande capitale? Vous avez parlé aussi d'hébétement, ah ! pour le coup, je suis de votre avis ; oui, elle est hébétée, cette France qui n'a pas su se constituer *juge* entre ses délégués et ses égaux, qui n'a pas su imposer aux deux parties sa médiation, et qui n'a pas vu qu'à laisser faire il y avait pour elle péril de mort.

N'en doutez donc pas, mon collègue, la majorité de Paris a été complice, complice de vouloir son droit, complice de vouloir le maintien de la République, complice de vouloir, à tout prix, un gouvernement de justice, de raison, un gouvernement d'autonomie.

Quittons donc nos aveuglements, voyons les faits sans parti-pris et craignons surtout d'être injustes envers ceux qui souffrent pour innocenter ceux qui jouissent ; or, j'ai prouvé surabondamment laquelle, de la Révolu-

[1] Ecrit vers le 21 avril.

tion ou de la contre-révolution, est provocatrice depuis quatre-vingts ans, laquelle est triomphante depuis trois quarts de siècle, et laquelle enfin, par ses ignorances, par ses violences, par ses excès en tout genre, conduit la France aux abîmes.

III

Le suffrage universel. — Conditions nécessaires pour qu'il ne soit pas un mensonge. — Détermination de sa fonction.

Qu'est-ce que le suffrage universel ? Que faut-il pour qu'il ait une certaine réalité ? quelle est sa fonction dans la démocratie ? Ce sont les points que j'aborde maintenant.

En premier lieu, que, dans l'ordre gouvernemental, le suffrage universel soit la conséquence du principe d'autonomie de la personne humaine ; c'est ce qui est par soi-même évident, et, aussi longtemps y aura-t-il des questions qui ne pourront être résolues que par l'intervention de la collectivité sociale tout entière, aussi longtemps le suffrage universel demeurera-t-il la base indéniable du gouvernement démocratique.

Toutefois, un vote est l'expression d'un jugement d'une certaine espèce ; d'où il suit que le droit de vote ou de suffrage ne doit être exercé que par ceux qui sont aptes à formuler le jugement de l'espèce voulue ; or, en politique, l'aptitude pour le votant, c'est la compréhension de son droit, c'est par là même la compréhension du droit des autres.

En France, étant données l'ignorance et les autres pernicieuses dominations qui pèsent sur la plus grande partie de la population, certes, il y a eu grande hardiesse à déclarer en principe apte au droit de suffrage tout Français âgé de 21 ans ; y a-t-il eu témérité et imprudence ? Je ne le crois pas, et voici mes raisons :

D'abord, je n'aperçois aucun système qui puisse donner une mesure exacte de l'aptitude politique, et, en dehors du suffrage universel, je n'en vois aucun qui puisse satisfaire au Droit.

Il est vrai qu'un des premiers publicistes de ce temps, M. John Stuart Mill, a proposé de reconnaître le droit de suffrage à tous ceux qui savent lire et de ne le reconnaître qu'à ceux-là.

Je n'adhère pas, pour ma part, à l'opinion de M. Mill et j'ai deux choses à dire contre.

D'abord, si, en refusant de reconnaître la capacité politique à quiconque ne sait pas lire, M. Mill a eu la pensée de créer une sanction indirecte à l'obligation de se munir ou de munir les siens de l'instruction la plus élémentaire, je trouve cette sanction injuste et inefficace. Que si le même auteur est seulement d'avis que ceux-là seulement qui savent lire sont en état d'émettre un suffrage libre, il serait, je crois facile de démontrer, pour la France du moins, que beaucoup qui ne savent pas lire sont doués de plus d'intelligence politique que d'autres qui le savent.

Donc, dans l'état de nos sociétés, aucun moyen terme n'est acceptable, il faut aller jusqu'au suffrage universel.

Et, même après que le suffrage universel a fait et refait le second Empire, même après qu'il a élu l'Assemblée de Versailles, je n'admets pas que le suffrage universel ait démontré son incapacité à faire prévaloir le Droit et à sauver la France. Ce que la pratique a rendu clair, ce qui, du reste, était facile à prévoir, c'est que pour donner au suffrage universel une certaine réalité, il ne suffit pas d'un décret portant qu'en principe tout homme âgé de 21 ans est électeur.

Que faut-il donc de plus ?

Je n'irai point me perdre dans une idéalité pour le moment chimérique ; je n'indiquerai que le minimum indispensable pour que la majorité reconnue en principe à tous les citoyens existe en fait, dans une certaine mesure, pour chacun d'eux.

La première condition est que, selon l'expression d'un illustre écrivain, « l'instruction soit versée à flots sur la tête du peuple. » et qu'en tant qu'elle est instruction d'Etat, *elle cesse d'être religieuse pour devenir exclusivement scientifique.*

Il faut que la Morale naturelle se fonde ;

Il faut que la Morale naturelle se propage ;

Il faut que chaque homme comprenne qu'il a non-seulement le droit, mais le devoir d'être libre ; il faut que chacun comprenne que son voisin a exactement le même droit et le même devoir que lui, et qu'aujourd'hui, pour tous les peuples, il n'y a de prospérité, d'ordre vrai, j'ajouterai pour la France, de salut possible, que dans un régime, où les droits et les libertés individuelles seront harmoniés de plus en plus.

Il faut, en outre, que chacun comprenne que *droit, devoir, intérêt,* toutes ces expressions sont corrélatives, que l'intérêt de l'un n'est pas plus l'opposé de celui de l'autre que le droit et le devoir de l'un ne sont l'opposé du droit et du devoir de l'autre, qu'en un mot *tous les intérêts, tous les droits, tous les devoirs sont solidaires.* Le plus grand commun diviseur universel, c'est l'ignorance, et l'ignorance tout aussi bien de ceux qui croient savoir, que de ceux qui n'ont aucune illusion sur ce point.

Quelle est donc la condition fondamentale de la mise en œuvre légitime du suffrage universel ? C'est l'organisation rationnelle de l'instruction primaire, et, pour la France en particulier, le seul homme qui puisse la sauver, c'est l'instituteur primaire.

Mais il faut le créer, cet instituteur primaire, et la difficulté, je ne me le cache pas, est énorme.

La seconde condition, c'est que, dans la sphère des questions plus hautes, la Presse, à son tour, se fasse l'éducatrice des masses, c'est que, au lieu d'être l'homme d'un parti, d'une coterie, ou de ce qu'il nomme son intérêt propre, au lieu de distiller le poison du septicisme, au lieu de spéculer sur la crédulité et sur la sottise, au lieu de trafiquer du mensonge, le journaliste devienne le vulgarisateur de la vérité, qu'il n'ait d'autre souci que d'en assurer le triomphe.

Transformation combien plus laborieuse encore et plus rude que la première! Ils sont faciles à compter, à l'heure présente, les journalistes qui, l'œil fixé sur l'Idéal, n'ont d'efforts que pour pousser le genre humain vers les destinées qui l'attendent!

Qu'on se le dise cependant! Il s'agit pour nous Français, pour nous tous Européens, de *refaire* le monde, de *faire* le monde du Droit, le monde de l'autonomie, et, si nous ne portons pas en nous la vie morale nécessaire, c'est justement que nous périrons, c'est justement que le flambeau de l'Idée passera en des mains plus robustes.

La troisième condition, c'est que la Commune soit affranchie là où elle ne l'est pas, et notamment en France ; or, selon le programme de l'insurrection de Paris, l'affranchissement de la Commune, c'est :

En première ligne, la suppression dans la Commune de toute force armée autre que la garde citoyenne ;

Ensuite, l'application du principe électif à toutes les fonctions communales militaires ou autres ;

Enfin, l'extension des attributions communales à toutes les matières que la Commune est en état de règler, sans qu'il y ait péril pour l'unité essentielle de la nation.

Et quelle valeur, en effet, l'autonomie de la Commune n'a-t-elle pas pour l'éducation du citoyen ! Quel rempart contre les entreprises du pouvoir central ne peut-elle pas en même temps former ! Toutefois, qu'on y prenne garde ! Si précieuse qu'elle soit, l'autonomie de la Commune n'est elle-même qu'un moyen et un rouage ; moyen et rouage d'une certaine importance dans un Etat dont l'autonomie de l'individu forme la base, nouveau mensonge et instrument de tyrannie, d'intolérable tyrannie peut-être, si le droit de l'individu n'est pas la base !

Il existe une quatrième condition, non la moindre, pour que le suffrage universel soit une vérité ! Il faut que le citoyen ne soit pas plus l'esclave de la misère qu'il ne doit l'être de l'ignorance ; il faut qu'en émettant un vote, non-seulement il sache ce qu'il fait, un acte d'individualité responsable, mais encore qu'il se sente la liberté d'accomplir cet acte.

Tous ces moyens, je m'empresse de le reconnaître, sont eux-mêmes des buts, tous sont l'autonomie de la personne humaine déjà en voie de se faire, et aucun, je le répète, ne peut être absolument improvisé ; mais, si c'est la loi même du progrès de ne comporter que des réalisations successives, encore faut-il, pour commencer, que le premier anneau de la chaîne soit posé.

Donc, prenons-en tous notre parti, tant que ces conditions lui manqueront entièrement, le suffrage universel sera la base, la seule base possible du seul régime désormais possible en France, la République, forme et fond, mais ce sera une base chancelante, et nous aurons beau faire, il ne dépendra d'aucun de nous qu'il ait l'autorité qu'il n'a pas, il ne dépendra de personne d'empêcher qu'on n'en mette parfois les décisions en question.

Quelle est maintenant la fonction du suffrage universel? Est-il omnipotent? A-t-il le droit de trancher, à sa fantaisie, toutes les questions que bon lui semble?

Je commence par répéter que je répudie absolument le langage de tous les écrivains politiques, et en particulier de Jean-Jacques Rousseau, déclarant que la *souveraineté* est dans la nation. Je ne reconnais d'autre souverain pour moi-même que moi-même, ou, afin de parler un langage moins exagéré, plus correct, je ne reconnais d'autre droit sur moi-même que celui que j'ai moi-même; je suis une activité libre au même titre que les autres hommes, mes frères; je me déclare autonome en face des autres hommes autonomes.

La souveraineté, nul de nous ne l'a, et ce n'est pas parce que nous nous réunissons à vingt ou à quarante millions d'hommes que cette souveraineté qui n'est incluse dans aucun de nous individuellement va tout à coup émerger de l'ensemble.

La vérité est que ce mot la *souveraineté* nous déborde!

Ce qui est souverain, ce n'est pas nous, c'est l'ordre des choses dont nous relevons tous, atòmes que nous sommes; ce sont les rapports nécessaires existant entre les choses; c'est, en un mot, la Loi.

Laissons donc, en parlant de nous-mêmes, le souverain

aux vieux livres, et servons-nous du seul langage de
laraison.

Idéalement, le domaine du suffrage universel serait le
point mathématique, et de même que, selon la profonde
parole de Destutt de Tracy : « Les gouvernements sont
des ulcères qu'il s'agit de circonscrire le plus possible, »
de même, le suffrage universel est un mal dont le régime
républicain ne guérira jamais sans doute, mais dont il
faut aussi chercher à restreindre le domaine le plus possible.

D'abord, le suffrage universel manque de toute com-
pétence pour résoudre les questions dites de *principes*,
et l'unique cause pour laquelle on ne le voit pas, c'est
que la science politique n'est pas fondée, c'est que, jusqu'à présent, cette science n'en est pas une. Que dirait
un astronome si on lui proposait de mettre aux voix la
question de la rotation de la terre autour du soleil, ou
celle du mouvement diurne de la terre sur elle-même?
L'astronome répondrait que ce n'est point le nombre des
suffrages qui décide d'une vérité scientifique, et, s'il est
Copernic ou Galilée, on pourrait le charger de fers
comme hérétique, il ne viendrait pas à résipiscence !

Or, telles sont les ténèbres qui enveloppent encore la
science politique, que le vulgaire (ici l'immense foule)
trouve tout simple de faire décider par le suffrage universel des questions qui, pour le politique vrai, sont
de même ordre que les précédentes.

Ainsi, le suffrage universel a-t-il le droit de décider
qu'au lieu d'être républicain le gouvernement sera monarchique, qu'il y aura au sommet de l'État un mandataire irrévocable, irresponsable et transmettant à per-
pétuité son pouvoir à ses descendants, que le *commis*

sera le maître, que l'injuste sera le juste et qu'un seul aura droit sur tous.

Non! Des milliers de fois, non!

Et voyez l'aveuglement! Qu'au lieu du choix entre la monarchie et la république on prenne une autre question, qu'on prenne celle de savoir si le suffrage universel aurait le droit de décréter non pas seulement la monarchie en principe, mais même un régime où la liberté et la vie des citoyens seraient à la merci d'un seul, un despotisme à la Turque, à la Russe ou à la Bonaparte, quel homme gardant le moindre sentiment de sa dignité propre ne refuserait ce droit au suffrage universel !

Toutefois, cet exemple-là ne me suffit pas, et, par la nuit noire qu'il fait, je demande à en ajouter un second.

Me tournant donc du côté des riches, du côté de tous ceux qui possèdent, je leur dis : Reconnaissez-vous au suffrage universel le droit de décréter cette chose qui vous fait blémir, l'*affreux* communisme? C'est oui ou c'est non. Moi qui dénie à l'Etat tout droit propre, je suis l'adversaire du communisme, je suis l'adversaire de la justice distributive par les mains de l'Etat, car je n'ai, c'est sûr, de goût pour le monastère sous aucune forme, et, comme le communisme, le régime économique des moines, attente à l'autonomie de la personne humaine, je dénie catégoriquement au suffrage universel le droit d'établir le communisme; or, ce disant, combien ne recueillé-je pas d'applaudissements et d'un côté dont on ne me les a jamais prodigués !

Mais qu'ils y prennent garde, mes naïfs, et qu'ils méditent ce point : s'il y a une seule question que le suffrage universel n'ait pas le droit de trancher à sa fantaisie, devant laquelle le suffrage universel soit tenu de s'arrêter, si l'on reconnaît cela, on reconnaît par là même que le droit du suffrage universel n'est point absolu, qu'il a des limites, et alors, il ne s'agit plus que de les poser, ces limites.

C'est ici que la besogne est ardue, moins pourtant qu'elle ne semble l'être, et, si nous nous y mettions, mais là, sincèrement, tous ensemble, elle se ferait, elle se ferait progressivement.

D'abord, nous formerions deux camps ; à gauche, tous les champions de l'autonomie de la personne humaine, tous les *républicains* ; à droite, tous les hommes de tutelle et de servitude, tous les *monarchistes*.

Les deux camps formés, le combat commencerait, j'entends la lutte à armes loyales, courtoises, la lutte à fer émoussé.

J'ai la sincérité de croire qu'il ne faudrait pas longtemps au parti de l'autonomie pour mettre l'autre en pleine déroute. Grosse victoire et décisive ! Nous possédons un principe, nous avons de quoi renouveler le monde !

La personne humaine est autonome ! Ah ! il l'avait bien pressenti, cet admirable Jean-Jacques, lui qui avait vu si nettement que les peuples s'appartiennent, mais qui, ne sachant comment souder la conséquence au principe, de désespoir, le pauvre grand homme, avait relégué le principe au désert !

La personne humaine s'appartient ! Nous voyons donc clair, enfin, là où nos ancêtres du XVIII⁰ siècle ont vu trouble ; nous avons notre idée, une, première, fondadamentale ; nous avons notre clef de voûte !

Or, ayant la clef de voûte, ce qu'il y a à faire, c'est évidemment d'achever la voûte entière, c'est-à-dire ayant le principe, de construire la science avec ce principe.

Mais, si la science politique peut être construite, la fonction du suffrage universel peut être précisée, son domaine, délimité.

En effet, toute vérité démontrée, toute vérité acquise est nécessairement au-delà du domaine du suffrage universel, et, bon gré et mal gré, il faudra bien que le suffrage universel finisse par la respecter.

Que, s'il commet l'aberration d'y porter atteinte, ni vous, ni moi, ni personne, nous n'empêcherons, dans les questions fondamentales, que le droit lésé n'entre en révolte, que le droit lésé ne s'arme, qu'il ne s'arme au nom de l'ordre nécessaire contre l'ordre arbitraire, de l'ordre vrai contre l'ordre factice.

Mais, voyons; parlons un langage plus familier, tentons la conciliation sous une autre forme. Que voulons-nous tous? Ne pas être opprimés les uns par les autres, nous développer tous librement, et, s'il se pouvait, ah! si cela se pouvait, tous aussi nous serions heureux d'adoucir l'âpreté des rapports sociaux par la bienveillance réciproque, par la sympathie, je lâche le grand mot, par la fraternité. Or, quelle serait la bonne manière d'inaugurer ce régime-là? Ne serait-ce pas de cesser de nous distinguer aussi souvent que possible en majorité et en minorité, et de renoncer aussi souvent que possible à ce que la majorité impose sa volonté à la minorité (1)?

Je sais bien que je reviens ainsi à mon idée fixe, à l'autonomie de la personne humaine; mais, elle est si profondément vraie, cette idée, que quelque chemin que l'on prenne, on est sûr d'y aboutir.

Non, non, ce n'est point une illusion de mon esprit! L'homme est destiné à s'appartenir de plus en plus;

_____

(1) V. au surplus dans notre *Idée du Droit* la note sur la *Souveraineté* et sur le *Droit des majorités*, pag. 38.

l'homme est destiné à arriver à la possession de plus en plus complète de lui-même ! Qu'on dégage de l'histoire une autre loi, si on le peut ! Qu'on me dise, autrement, pour quel but l'Humanité a vécu, pour quel but elle a souffert, et pour quel but depuis qu'elle existe, elle a versé son sang le plus noble ! Qu'on me dise pour quelle autre idée notre France, au dernier siècle, a épuisé tout son cœur et toute sa sève généreuse !

Oui, quoi qu'il advienne désormais de cette grande France, nous, ses fils, nous pouvons porter partout haut la tête, car c'est elle qui a proclamé l'autonomie de la personne humaine, c'est elle qui a proclamé le *droit de l'homme.*

CONCLUSION

Faut-il conclure et ma conclusion n'est-elle pas toute faite ?

J'ai dit ce qui nous perd, j'ai dit ce qui nous sauverait ; ce qui nous perd, c'est la lutte acharnée contre l'Idée nouvelle, contre le Droit nouveau, contre le Droit promulgué par la Révolution française ; ce qui nous sauverait, c'est la cessation de cette lutte. Allons ! contre-révolutionnaires, il vous en faut prendre votre parti, la France a renversé ses vieilles idoles, elle en a brisé la tête et elle a vu ce qu'il en sortait, elle ne les rétablira plus ; la France a entrevu l'Idée du droit pour tous ; elle marchera vers cette Idée, ou elle cessera d'être.

Berne, 21 avril 1871.

APPENDICE

Qu'est-ce que l'ordre?

(Lettre à un député de la droite)

Monsieur,

Je lis dans le *Journal de Genève* la définition que vous avez donnée de l'ordre dans la séance du 28 mars : « L'ordre, auriez-vous dit, consiste dans le respect de la volonté nationale. »

Ces paroles ont passé sans soulever la moindre protestation ni à droite, ni à gauche ; à droite, parce qu'elles servent en ce moment les intérêts et les passions du parti monarchique ; à gauche, parce que, tout en étant aujourd'hui gênantes pour le parti républicain, elles expriment une idée qui, pour ce parti en général, est une sorte de dogme.

Or, à mon sens, il n'est pas possible de professer sur un point plus grave que celui-là une opinion plus fausse que celle que vous avez publiquement émise, et, comme cette opinion est celle qui va perdre la France, je tiens à la réfuter publiquement.

Permettez-moi d'abord, monsieur, une simple hypothèse : supposons que la majorité de la France fût acquise à des doctrines d'expropriation en masse de tous les propriétaires dans le but d'établir un système de justice distributive par les mains de l'Etat, vous êtes, j'en suis convaincu, trop sincère pour ne pas avouer que, représentant de la minorité opposante, vous dénieriez à la majorité le droit d'organiser la société selon son caprice ; et, si la majorité passait outre, je ne suis pas bien sûr que vous, Monsieur, et vos honorables collègues, MM. de Kerdrel et de La Roche-Theulon, vous ne vous reconnaîtriez pas le droit de résister à ses décisions, même par la force.

C'est qu'en effet, Monsieur, il en est de la volonté nationale comme de la volonté individuelle ; cette volonté n'est respectable que lorsqu'elle est juste. Avant d'être des hommes de parti, soyons donc tous des hommes de raison et de vérité ; non, l'ordre n'est point ce que vous avez dit ; l'ordre ne consiste pas dans le respect de la volonté nationale, car cette volonté peut errer (et la France ne s'en est-elle pas fourni à elle-même une preuve assez ample pour qu'elle ne dût pas l'oublier ?) ; non, l'ordre n'est pas une chose arbitraire ; j'en ai cherché vingt ans la notion, de bonne foi, sans parti pris, sans ambition ; je vous la livre telle que je l'ai trouvée : L'ordre, c'est l'harmonie des droits et des libertés individuelles.

Voilà la base, Monsieur ; je défie qu'on l'ébranle.

Et maintenant, quand vous et vos amis, vous n'avez d'efforts que pour le renversement de la République, que pour le rétablissement de la monarchie, est-ce sur cette base que vous entendez construire ? Cela ne peut être, cela n'est pas, car, si cela était, vous comprendriez que la monarchie est la négation de l'ordre, vous verriez clair dans vos idées et vous ne vous exposeriez pas à démentir demain ce que vous affirmez aujourd'hui.

Eh quoi ! les faits, à défaut de l'étude et de la méditation, les faits ne vous parlent-ils donc pas assez d'eux-mêmes ? Vous voulez refaire la monarchie ; mais, comment la referez-vous avec les grandes villes républicaines ; comment la referez-vous, quand Paris, Lyon, Marseille, Bordeaux, Lille vous déclarent qu'elles n'en veulent plus ?

Et n'objectez pas que les petites villes et les campagnes sont dans la même situation d'esprit, à l'encontre de la République et que, dans ces termes, la difficulté est insoluble ? Non, elle ne l'est pas, car vous savez, comme moi, que, si vous tous, grands propriétaires, grands manufacturiers, hommes influents par votre position sociale, vous vous étiez *coalisés* pour la République, pour l'ordre vrai, pour le droit vrai, il n'y aurait pas eu un seul dissident, et la foule qui vous suit eût acclamé la République après vous.

Donc, vous êtes responsables au premier chef de ce que vous vous apprêtez à faire, responsables de vos animosités, de vos haines ; responsables mêmes de vos ignorances, car, mieux qu'aucuns, vous étiez en situation de les faire cesser.

Votre monarchie ne durera pas, je vous le prédis ; votre monarchie ne naîtra pas viable ; elle ne sera qu'une forme de l'anarchie, car la révolution ne lui laissera pas un seul jour de trêve ; cela est forcé, cela est fatal ; et, lorsque enfin, pour échapper aux luttes sanglantes du dedans, vous vous résoudrez à engager de nouveau les luttes sanglantes du dehors, lorsque vous recommencerez la guerre contre la Prusse, vous comprendrez trop tard, hélas ! que c'est vous qui aurez consommé la ruine de la France.

Je suis, Monsieur, votre concitoyen,

Emile ACOLLAS
Professeur de droit civil français à l'université.

Berne, 2 avril.

———

Une circulaire électorale tombée de date.

Aux électeurs du département de la Seine.

LIBERTÉ, ÉGALITÉ, FRATERNITÉ

Citoyens électeurs,

Il s'agit de fonder la République dans une crise redoutable ; aussi, j'estime que quiconque se sent apte à la fonction de Constituant a aujourd'hui le devoir de soumettre son nom à vos suffrages.

Je suis connu de quelques-uns d'entre vous ; je suis ignoré du plus grand nombre, et je vous dois la brève explication de mes principes.

L'Etat républicain est, à mes yeux, la seule conception qu'avoue la science politique et la seule qui soit conforme aux nécessités du présent ; c'est pourquoi je place, en dehors de toute controverse, la question du maintien de la République.

Mais qu'entendons-nous, citoyens électeurs, vous et moi, par la République? Sera-ce la simple substitution d'une forme de gouvernement à une autre avec le respect des abus qui corrompent les fondements de notre ordre social et qui nous ont conduits où nous sommes? Sera-ce la reconstitution et la régénération de notre France abattue?

La République, telle que je la comprends pour ma part, citoyens électeurs, c'est celle dont nos glorieux ancêtres ont entrevu l'idée aux jours de la grande Révolution, c'est celle dont toutes les institutions auront le triple but invariable de réaliser dans les mœurs la Liberté, l'Egalité et la Fraternité ; la République pour laquelle je suis prêt à dévouer ma vie, ce sera celle qui, en inscrivant dans tous ses actes la garantie du droit de chacun et en démontrant aux hommes la solidarité de leurs intérêts, poussera le monde vers des destinées nouvelles.

Voilà la République telle que je la conçois, citoyens.

Je veux en conséquence comme base :

La proclamation du droit libre et égal de tout individu humain.

Et voici maintenant ce que je veux pour l'organisation et pour les détails :

1° En ce qui concerne l'ordre moral,

La séparation de l'Eglise et de l'Etat, et par là même l'abolition du Concordat ainsi que des articles organiques, et la suppression du budget des cultes ;

La liberté d'enseignement, et par conséquent l'abolition du monopole universitaire ;

L'établissement de l'instruction primaire gratuite et obligatoire avec enseignement des principes de la morale rationnelle ;

L'abrogation de toutes les lois qui limitent le droit de publier la pensée, et notamment l'abolition de la législation spéciale à la presse ;

La refonte des lois qui régissent le mariage et la famille ;

La refonte des lois pénales, la transformation du système pénitentiaire, en particulier la proclamation du principe de l'inviolabilité de la vie humaine et l'abolition de la peine de mort.

2° En ce qui concerne l'ordre politique proprement dit,

L'abrogation de toutes les lois civiles ou de procédure criminelle qui portent atteinte à la liberté de l'individu ; au premier chef, des lois qui limitent les droits de réunion et d'association ;

La déclaration que toute fonction publique n'est qu'une délégation faite par l'ensemble des citoyens à plusieurs ou à un seul, et par conséquent l'application du principe électif à toutes les fonctions publiques ;

L'abolition de toutes les délégations ou fonctions publiques dont le maintien n'est pas strictement commandé par l'imperfection de notre état social ;

La fixation à une année de la durée de toute fonction publique ; la responsabilité et la révocabilité constantes de tout fonctionnaire ;

Le remaniement de tous les traitements de façon qu'aucun ne soit excessif ou insuffisant ;

La décentralisation, c'est-à-dire la consécration pour les Départements et pour les Communes du droit de gérer librement leurs propres intérêts, et l'extension des circonscriptions départementales et communales ;

L'abolition de toutes les distinctions sociales, de naissance ou individuelles, sous peine de perdre la qualité de citoyen français.

Dans le même ordre et au point de vue de l'organisation centrale de l'Etat,

Une délégation législative consistant dans une Chambre unique permanente ;

La séparation constitutionnelle de la loi d'avec le décret, et le vote final de la loi réservé au peuple ;

Le classement exprès de l'acte de déclaration de guerre au nombre des lois ;

Une délégation exécutive, consistant dans une commission nommée par la délégation législative ;

L'élection de la magistrature centrale de l'Etat par la commission exécutive, et la consécration pour chaque citoyen du droit de rendre directement la justice, c'est-à-dire l'extension du jury aux principales affaires civiles et correctionnelles.

3° En ce qui concerne l'ordre économique,

L'abolition de tous les impôts et leur remplacement par un impôt unique progressif sur le revenu ;

L'abolition de tous les monopoles ministériels, industriels et financiers ;

La refonte de nos lois de propriété, en vue de ramener la propriété individuelle à sa seule source originaire légitime qui est le travail ;

L'abolition de toutes les lois qui tiennent en échec le droit sacré du travail ;

L'adoption, en un mot, de toutes les mesures propres à permettre de plus en plus à chacun de mener en travaillant une existence d'homme.

4° En ce qui concerne enfin les rapports de la République française avec les nations étrangères,

L'abolition des armées permanentes et leur remplacement par des milices nationales, en vue de rendre désormais impossible toute guerre offensive ;

La déclaration que le peuple français, tout en ne s'immisçant point dans le gouvernement des autres nations et en ne souffrant point que les autres nations s'immiscent dans le sien, est l'ami et l'allié naturel des peuples libres.

Telles doivent être, selon moi, citoyens électeurs, les principales assises de la Constitution de la République française; mais je ne saurais, hélas ! oublier que notre affaissement durant dix-neuf ans a permis à un despote félon et lâche de livrer notre pays en proie à l'invasion étrangère, et que je dois m'expliquer sur la guerre actuelle.

Je n'ai point attendu, citoyens, l'heure de nos désastres pour maudire l'immense crime qui a porté à s'entre égorger deux nations unies par mille liens, qui a réveillé toutes les fureurs barbares d'un autre âge, et qui a fait de notre patrie française le champ de si terribles dévastations et d'un si abominable carnage. Comme vous, citoyens électeurs, comme presque toute la nation française, je voulais hier la perpétuation de la paix avec l'Allemagne, et j'en veux aujourd'hui le rétablissement ; mais la paix que nous devons souhaiter n'est point celle qui déshonore et qui ne saurait durer.

Nous ne pouvons décliner, je le reconnais, toute solidarité avec le misérable gouvernement que nous avons si longtemps subi, mais nous ne pouvons davantage autoriser contre nous l'exercice du prétendu droit de conquête, qui n'est que le droit de la force appliqué aux nations, au lieu de l'être aux individus ; aussi, suis-je d'avis qu'en nous montrant prêts à accéder à toutes les conditions compatibles avec notre dignité, nous prenions l'inébranlable résolution d'affronter les derniers périls, plutôt que de céder une seule parcelle de notre territoire.

Et quand la Constituante, citoyens, aura accompli son œuvre, eût-elle décrété les institutions les plus sages, eût-elle ramené la paix, sachons bien que tous ces résultats seront un néant, si nous ne les fécondons par notre action propre. La France depuis 70 ans souffre d'un mal profond; la conscience s'y meurt! Hâtons-nous, pendant qu'il en est temps encore, et qu'une nouvelle génération se lève, incorruptible au mensonge, puissante pour les réalisations de la justice et meilleure que la nôtre.

Vive la République française! Vivent les futurs Etats-Unis d'Europe!

Emile ACOLLAS.

3 octobre 1870.

Comment la science politique doit être construite [*]

La science politique compte, comme ancêtres, Platon, Aristote, Polybe, Machiavel, Spinosa, Hobbes, Locke, Montesquieu, Turgot, Condorcet, Jean-Jacques Rousseau, et cependant la science politique n'existe pas, et, bien que cette science ait trouvé son premier principe, elle en est encore à le reconnaître.

Le premier principe de la science politique, c'est l'autonomie de la personne humaine, c'est l'homme réglant de plus en plus lui-même son propre sort, c'est l'homme s'appartenant de plus en plus à lui-même; et la Démocratie, la République, c'est l'état social où cette faculté de régler soi-même son propre sort, cette faculté de s'ap-

[*] Nous appelons avec les Grecs science politique (de πολις, ville, cité) la science qui a pour objet la vie sociale, celle qui consiste dans la constatation des rapports sociaux naturels, nécessaires;

Cette science comprend :

1º *La Morale*, c'est-à-dire la science des droits et des devoirs de l'homme ayant pour unique sanction la conscience ;

2º *Le Droit*, c'est-à-dire la science des droits et des devoirs de l'homme, ayant pour sanction une coercition extérieure ;

3º *L'Économie politique*, c'est-à-dire la science des arrangements sociaux de nature à donner à chacun la possibilité de mener en travaillant une existence en rapport avec ses facultés, une existence d'homme.

Cet ensemble-là est vraiment la *science politique*, dans le sens où l'entendaient Aristote et les Grecs, et nous repoussons, comme propres seulement à obscurcir une idée nette, tous les baroques néologismes inventés de nos jours pour désigner la science politique.

partenir à soi-même n'aurait pour chacun d'autres limites que celles que sa nature impose à chacun ; c'est, en un mot, le régime idéal où le lien politique subsistant par les seules énergies de la conscience et de la raison, chacun serait maître de son action propre.

D'après ces définitions, il est facile de voir comment la science politique doit être construite.

La science politique, redirons-nous à satiété, la science de la vie sociale a pour fondement le droit de la personne humaine sur elle-même, et sa fin est d'assurer à ce droit les plus larges dimensions possibles ; d'où la déduction et le plan suivants : veut-on enfin construire la science politique, il faut partir de l'Individu pour arriver à l'Etat, et non, comme on l'a fait jusqu'à présent, de l'Etat pour arriver à l'Individu ; en d'autres termes, il faut commencer par poser la pyramide sur sa base avant de chercher à en ériger le faîte.

Qu'est-ce que cela signifie ? Cela signifie qu'étant supposée une société quelconque, il faut commencer par rechercher quels sont les droits qui doivent être reconnus à l'Individu majeur afin de garantir le plus possible à tout majeur la libre disposition de lui-même ; cela veut dire, en outre, que, tout en mettant les mineurs en tutelle, il faut arranger les choses de manière d'abord que cette tutelle n'existe que dans la mesure strictement nécessaire ; ensuite, qu'elle ait pour but essentiel d'amener ou de ramener, s'il est possible, le mineur à la condition du majeur.

Cette prémisse posée, le principal est fait, le reste n'a plus qu'à suivre, le reste est moyen, le reste est conséquence, l'importance du reste va en décroissant à mesure que l'on gravit les échelons.

Après l'autonomie de l'Individu, principe et idéal, celle de la Commune ; mais, ici, il y a deux questions, la première est celle de l'étendue territoriale de la Commune; la seconde, celle des attributions de la Commune.

Idéalement, la question de l'étendue territoriale de la Commune doit être réglée par les individus eux-mêmes; nous entendons qu'idéalement les citoyens doivent être appelés à se grouper en Communes, comme bon leur semble, et que, de son côté, le corps social n'a qu'à enregistrer cette volonté et à en donner acte. Toutefois, s'ils sont sages, les individus ne feront la Commune ni trop grande ni trop petite; trop grande, elle manquerait de cohésion; trop petite, la vie locale y serait étouffée sous de mesquines et pernicieuses influences; trop grande ou trop petite, elle serait inhabile à faire l'éducation du citoyen.

Quant aux attributions de la Commune, elles sont comprises, d'une part, entre la base, l'autonomie de l'Individu, et d'autre part, le ou les sommets, selon qu'au-dessus de la Commune il n'y a que l'Etat, ou qu'entre la Commune et l'Etat il existe des circonscriptions politiques intermédiaires (Départements ou Provinces).

Ces attributions doivent donc être de nature, d'abord, à placer le droit de l'Individu en dehors de toute atteinte, ensuite à ne compromettre l'existence ni de l'Etat ni de la circonscription politique intermédiaire, s'il en existe une; ce qui revient à dire (et cela est presque naïf tant cela est simple), que les attributions de la Commune doivent être déterminées de façon qu'elles s'harmonient avec l'ensemble.

Nous n'aurions qu'à répéter, pour les circonscriptions des degrés supérieurs, ce que nous venons d'énoncer pour la Commune ; notamment, l'étendue territoriale de la nation comme celle de la Commune, ne relève, au point de vue idéal, que de la volonté de l'individu (1).

Ajoutons que la méthode à employer pour construire la science politique est celle que nous avons déjà nommée ailleurs méthode rationnelle inductive d'observation de la nature (2).

Mais tout n'est pas encore dit ; au-dessous de la science, il y a la manière d'en appliquer l'enseignement, il y a l'art politique.

Comme art, la politique a pour fonction spéciale de proportionner l'application des purs principes scientifiques au degré de civilisation des diverses sociétés. Qu'on ne conclue pas de là que l'art est arbitraire ; tout autant que la science, il est soumis à la nécessité, car il est à la fois dominé par les indications de la science et par celles des faits qui exigent telle application et non telle autre.

C'est en suivant cette marche que, d'une part, la science politique, arrivera à satisfaire à son principe et à son

(1) Les juristes italiens de l'école de Mamiani et de Mancini et les politiques de celle de Mazzini sont tombés à cet égard dans le plus déraisonnable mysticisme ; il n'y a pas de principe des nationalités ; il n'y a d'autre principe en tout et partout que le droit de l'homme sur lui-même.

Remarquons encore que la fédération politique, telle que nous venons d'en dresser l'esquisse, n'a rien de commun avec le fédéralisme républicain du Moyen-âge, ni avec aucun autre fédéralisme appartenant au Passé ; car ces fédéralismes ont tous plus ou moins complètement nié l'autonomie de la personne humaine et cette autonomie est notre base (V. notre *Nécessité de refondre les Codes* et notre Introduction au *Manuel de droit civil*).

Au surplus si la vie ne nous manque, nous nous proposons de revenir dans un traité spécial sur les principes de la science politique.

(2) *Idée du Droit*, 1re leçon.

Un temps viendra où la Politique ne sera plus qu'une partie de l'Histoire naturelle.

idéal, à former un ensemble rationnel, une doctrine, et, d'autre part, que l'art politique acquerra des points fixes.

Aujourd'hui la science politique, nous le disons de nouveau, n'existe pas; quant à l'art, c'est souvent l'emploi de moyens dont un honnête homme rougirait de se servir dans la vie ordinaire, et c'est, au mieux, un empirisme, un tâtonnement en pleines ténèbres.

La République est-elle une forme de gouvernement?

Depuis et y compris Aristote, tous les écrivains politiques ont commis trois erreurs qui font de la science politique un chaos :

1° Ils ont considéré les gouvernements comme des formes plus ou moins indépendantes du fond auquel elles sont adaptées ;

2° Ils ont raisonné comme s'ils attribuaient à l'Etat une existence propre ;

3° Ils ont professé que toutes les formes de gouvernement ont une certaine légitimité relative.

Nous pensons, au contraire :

1° Qu'un certain ordre général de la société implique une certaine forme de gouvernement corrélative ;

2° Que l'Etat est un pur concept, une abstraction représentant un certain nombre d'activités et n'ayant par lui-même ni droits, ni devoirs ;

3° Qu'enfin il n'y a de bonne qu'une seule forme de gouvernement, qu'il n'y en a qu'une seule de légitime, parce qu'il n'y a également qu'un seul ordre social qui soit bon et légitime, celui où chacun peut se posséder de plus en plus, celui où chacun peut réaliser de plus en plus les conquêtes de la liberté.

Nous n'aborderons à cette place que le premier point, nous bornant même à en dire ce qui est strictement nécessaire pour le faire entendre.

Que d'abord, chez certains peuples, on ait vu, on ait cru voir des formes de gouvernement qui correspondaient assez peu à l'ordre social auquel elles étaient appliquées, cela n'a pas de quoi surprendre, car l'observation la plus attentive laisse échapper une foule de détails et la logique la plus exercée se trompe sans cesse pour relier les effets aux causes (1).

De là, l'erreur de tous les théoriciens politiques, de Rousseau comme des autres; tous se sont laissés égarer par une fausse vue de l'histoire, tous ont été plus frappés des côtés extérieurs que de la réalité des choses.

L'organisme social est un, la forme et le fond s'y tiennent d'une manière inséparable, voilà ce qui est vrai même des organisations sociales les moins ordonnées, voilà ce qui est particulièrement vrai de l'organisation républicaine, de l'organisation démocratique.

Qu'est-ce, en effet, que la République ou la Démocratie, identifiées l'une à l'autre par l'idée moderne?

C'est d'abord, c'est avant tout une certaine Morale, car, sans une règle morale, que la conscience de l'homme a reconnue vraie et qu'elle est résolue de suivre, il n'y a pas de société, d'harmonie, d'ordre vrai possible. Or, la Morale républicaine, la Morale démocratique dit à chacun :

(1) Il y a bien une manière de s'en tirer, qui est d'invoquer l'*accident*, l'*exception* ; mais l'accident et l'exception n'ont pas droit de cité dans la science sérieuse.

Sois libre toi-même, respecte la liberté des autres ; aime les autres en frère (1).

C'est, en second lieu, un certain état économique, car l'homme vit de pain, et, sans le pain nécessaire, il ne peut vivre ni par le cœur, ni par l'esprit ; or, l'économie républicaine, l'économie démocratique dit à chacun :

Possède-toi physiquement, afin de te posséder moralement et intellectuellement.

C'est enfin un certain état gouvernemental dont nous n'apercevons pas le moyen de nous débarrasser complétement ; or, la science gouvernementale républicaine ou démocratique dit à chacun :

Gouverne-toi le plus possible et sois gouverné le moins possible.

D'un mot, la République ou la Démocratie, au sens moderne, *c'est la solidarité morale mise en œuvre entre tous les hommes, c'est le droit sur lui-même restitué à chaque homme.*

Cette République là est donc bien un tout, elle forme donc bien un enchaînement ; elle est l'autonomie de la personne humaine, pénétrant, vivifiant les mœurs, et devenant l'âme du corps social ; elle est l'ordre naturel se faisant de plus en plus parmi les hommes ; elle est l'ordre nécessaire ; elle est la seule République *une* et *indivisible.*

---

(1) A vrai dire, la loi morale de l'amour n'oblige pas seulement chaque homme envers les autres hommes ; elle oblige chaque homme envers tous les êtres et nul n'a le droit de se sacrifier un seul être, si ce n'est dans la stricte limite de ses besoins

Le « *sois libre* » comprend, au surplus, tout le reste ; c'est ce que les logiciens doivent bien voir, car le « *sois libre* » signifie évidemment : « *sois libre selon la nature* ; » or, la nature est ainsi faite qu'aucun de nous ne peut être libre, s'il ne respecte la liberté des autres, s'il n'aime les autres, s'il ne respecte et n'aime l'ordre naturel, s'il n'est en tout l'homme de son droit et de son devoir.

Cette République là n'a encore vécu nulle part ; elle n'est ni la République de Sparte, ni celle de Rome, ni même celle d'Athènes ; elle n'est non plus aucune des Républiques du moyen-âge ; elle n'est pas la République helvétique, elle n'est pas même la République américaine ; mais, partout où un sillon de liberté, d'égalité et de fraternité a été creusé dans le monde, elle a son germe, et il faudra bien que ce germe fructifie, il faudra bien que la moisson arrive et qu'enfin le soleil se lève sur l'Humanité affranchie !

Lausanne. — Imprimerie Howard et Delisle.